作者近照

在2019年国庆前，我荣获了中共中央、国务院、中央军委颁发的“庆祝中华人民共和国成立70周年”纪念章，随即佩戴于胸，请摄影大师耿荣兴摄影留存，永志于心。

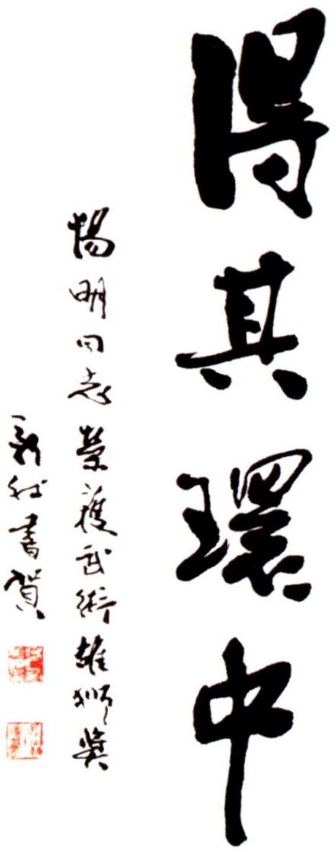

费新我题词

费新我先生，是全国知名度很高的书法家。费老赠我墨宝的缘由有二：

一是，在20世纪80年代，费老曾兼任苏州市武术协会领导。有一次，江苏省武协在苏州市召开工作会议，我和常州武协的两位同志前往开会，彼此就认识了，而且相谈甚欢。

二是，费老与我们常州日报副总编陈弼相识，常有书信往来。1986年我参加全国武术观摩交流大赛获雄狮奖，陈弼同志就写信告诉了费老。费老当即挥毫作贺，把《得其环中》题词寄给陈弼同志，转交给我。当时，我一见费老题词，非常高兴，并把“得其环中”作为我从文习武的人生坐标。

缪宏《乳燕喜吟春》

缪宏老前辈，著名画家，尤以飞燕吟春图著称。老先生赠我飞燕吟春时，已98岁高龄。当我上门求画时，但见缪老精神饱满地挥毫作画，此情此景，终生难忘。今特将此吟春图列于《太极回春八式》卷首，以状春色。

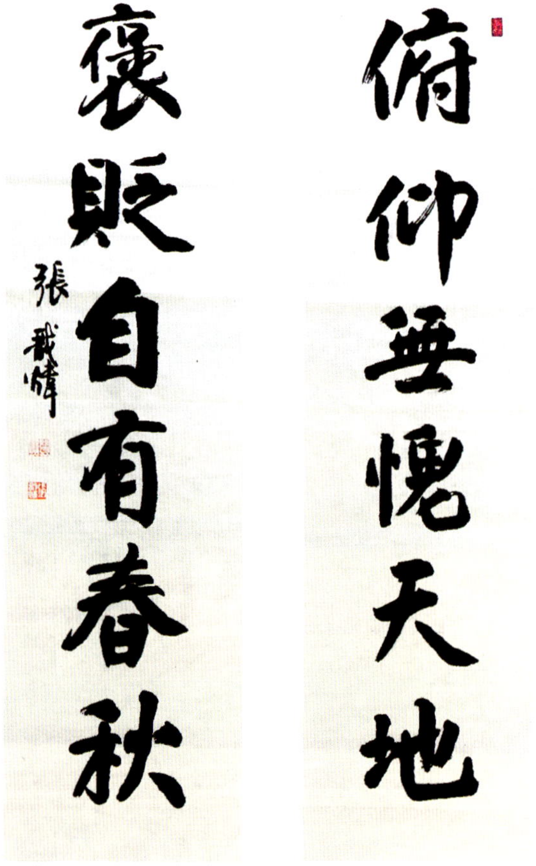

张戬炜对联

老友张戬炜，著名作家，曾任常州市文化局副局长。当他知道我的一部新著即将面世，立即挥毫，赠我对联《俯仰无愧天地 褒贬自有春秋》。顿感豪气万丈，用以激励自身，并与太极同道共勉。

太极回春八式

——强身抗疫 青春不老

钱惕明 著

人民体育出版社

图书在版编目（CIP）数据

太极回春八式：强身抗疫 青春不老 / 钱惕明著. --北京：人民体育出版社，2020
ISBN 978-7-5009-5864-2

Ⅰ.①太… Ⅱ.①钱… Ⅲ.①太极拳—养生（中医）Ⅳ.①G852.11②R212

中国版本图书馆CIP数据核字（2020）第181673号

*

人民体育出版社出版发行
北京新华印刷有限公司印刷
新 华 书 店 经 销

*

880×1230 32开本 3.5印张 61千字
2020年11月第1版 2020年11月第1次印刷
印数：1—3,000册

*

ISBN 978-7-5009-5864-2
定价：28.00元

社址：北京市东城区体育馆路8号（天坛公园东门）
电话：67151482（发行部） 邮编：100061
传真：67151483 邮购：67118491
网址：www.sportspublish.cn

作者简介

钱惕明（曾用名德兴），1929年7月生，江苏无锡县堰桥镇人，常州市新闻界元老，离休干部（享受县“局”级待遇）。2019年9月荣获中共中央、国务院、中央军委颁发的“庆祝中华人民共和国成立70周年”纪念章。

现年91岁高龄，文武兼备。文者，早年毕业于苏南新闻专科学校，于1949年分配至《苏南日报》社任记者，后调宜兴县参加土地改革，“土改”结束后调常州市参与创办《常州日报》社，1990年离休后继续留在报社工作10年，成为有49年新闻专业工龄的常州市新闻界元老。武者，2009年荣获国家武术段位制高段位八段。1952年，在常州入室武当丹派第十代宗师李景林首徒杨奎山（林甫）门下，得师真传，熟练武当内丹太极拳、武当剑、武当太极阴符棍等内功，为武当丹派第十二代传人。

六十八年来，恒修太极，勤悟师授，参修众家，融会贯通，自成一脉。尤其将道家传统养生功和太极内功结合，悟创了太极回春功（青春不老功），并坚持修炼，得益多多。因此身心俱佳，老当益壮，被誉为“太极寿翁”“太极元老”。

2008年至今，已出版《太极内功心法全书》《古易筋经新注汇粹》《太极拳不老春养心心法揭秘》等武学专著5部。另有文史类专著《江南印象》《江南春晓》2部。

1984年参加江苏省老拳师献艺大会获优秀奖，1986年获全国武术观摩交流大赛雄狮奖，1991年获武当山首届武术文化节优秀奖，被聘为武当山拳法研究会顾问、《武当》杂志社顾问。1982年创建常州市武术协会，历任协会副主席、主席等职，现为常州市武术协会终身名誉主席。

2001年，赴美国传授中华武术。先是在西雅图公益机构——仁人服务社耆老托护中心义务教授太极拳，接着于2002年举行收徒仪式，收授美国弟子，并在西雅图成立国际武当武术协会，任首任会长，又在华盛顿大学实验学院和BCC社区大学教授太极拳、武当剑等武功，从学者甚众。

从2004年起，在美国权威武术杂志《太极》上先后发表4篇论文，系统介绍中国古典哲学太极学说和太极拳文化，是第一位在美国权威杂志上系统介绍中国绝技——李景林武当行剑的中国人。

2018年11月，放弃美国绿卡，回到祖国家园。

前　言

《太极回春八式——强身抗疫　青春不老》一书，今天脱稿了。

回顾本书的写作，是人民体育出版社提议和促成的。出版社为了贯彻关于常态化防疫的要求，主动联系笔者撰写关于强身抗疫的太极书稿。

写什么呢？笔者接受任务后，反复思考，是写一般化的太极强身的功法，还是写效果特好的不传之秘？

思考再三，感到全民抗疫防疫，人人有责，作为国家离休干部和91岁的太极寿翁，理应出大力、尽大责，于是决定将过去秘不外传的行之有效的而且简要易学的独门秘功《太极回春八式》公之于众，为全民常态化防疫略尽绵薄之力。

因笔者年事已高，不便再新拍动作图片，故本书中的动作示范图均为旧照片的翻拍版，清晰度欠佳，敬请读者谅解。

钱惕明

2020年7月15日于江苏常州市

联系方式：18915018999

目　录

第一章　太极

——延年益寿不老春

我们为什么要修炼太极拳？当然是为了强身健体，但又不仅仅为了强身健体，还有更深的内涵、更高的人生目标。

《太极拳论》的作者王宗岳，在他著名的《十三势行功歌》的最后结尾时自问自答："详推用意终何在，延年益寿不老春。"他这句名言有两层意思，一是"延年益寿"，二是"不老春"。"延年益寿"容易理解，指肉体生命的健康长寿，而"不老春"则内涵很深，是比喻修炼太极拳有两层含义：一是喻人体生理要永远像春天那样生机勃勃，不但寿命延长，而且青春常驻。二是用春天的原始，象征人之元初，比喻人的心理（心性）要返回到先天本性，即"人之初"的佳美的境界。

"不老春"三字连在一起，组成一个美好的词汇，它描绘出一幅既延长人体肉体生命又延长精神生命的画图，而精神生命是长生的、永生的，所以称为"不老春"。

第二章　太极回春功
——强身免疫振雄风

当前，全民抗疫已转入常态化疫情防控。就个人来说，既要自觉地执行人民政府的各项防控措施，更要增强自身的体质，不断提高个人的免疫力，才能立于不败之地。对此，各有各的招，中医有中医的招，西医有西医的招，道家有道家的招，佛家有佛家的招，而我们则有独特的太极强身免疫妙招，这就是以往秘不外传的太极回春功（青春不老功）。

回春功，就是将开始衰老或已经衰老的生殖系统能力恢复起来，重振雄风，从而使个人的免疫力和竞争力不断得到提升。这套太极回春功，是笔者数十年来勤悟师授、参修众家、融会贯通、自成一脉的结晶，是将道家传统养生功和太极养生精髓结合起来的体悟。

笔者创编太极回春功（青春不老功），并坚持修炼，因此身心俱佳、老当益壮。就最近两年的体检来说，常州市第一人民医院的体检报告显示，彩超、CT、验血等各项指标均合格，情况良好。

目前，笔者虽已91岁高龄，依然耳聪目明、步履轻盈、活力充沛、雄风犹存，演练太极沉着轻灵、刚柔相济、飘逸潇洒，风采不减当年，可上台展示太极套路25分钟。文能执笔写书，文思不枯，笔耕不辍，常有著述问世，近10年来已由人民体育出版社等单位出版了七部专著，获得了太极寿翁、太极元老的美誉。

笔者受益于太极回春功，值此特殊时期，愿将此功法公诸于世，希望大家坚持习练，并将其融入生活。相信它同样可以帮助你增强体质，提升免疫力，保持青春活力，防范有害因素的侵犯。

第三章
太极回春八式详解

太极回春八式，既能强身抗疫，又能青春不老，而且容易学会，便于坚持。如果工作繁忙，时间紧凑，也可以学一两式，只要坚持不懈，天天练，必有奇效。今将《太极回春八式》详解于下。

第一式　无形无象无极桩（静）

一、功法释义

无极桩，源于“无极而太极”的哲学原理。“无极”和“太极”原本都是古代学者在探索宇宙起源过程中使用的哲学概念。无极是指大自然的太初原始阶段——无形无象的一片虚空的宇宙实体。而太极，则由无极变化而来。

自北宋理学开山祖师周敦颐在《太极图说》中把“无极而太极”列为宇宙生成的第一个序列后，历代诸多学术领域，莫不受其影响，太极拳学当然也不例外。

太极拳先辈遵循“无极而太极”的原理，设计了“无极桩”为开端功法，列为太极拳的一个初始阶段。不过现今各家太极流派，对无极桩的重视程度和处理方法各有不同。本门武当丹派太极拳把无极桩作为必修的静功之一，既作为单练功法，又冠于套路之前作为预备势，认真修炼，总的来说是要把“无极”的哲理内涵变为太极拳的训练成果，这可以用一句话来概括，叫作“以象喻人”。

所谓以象喻人，就是把无极的自然现象，比拟为人的身心状态，要求练拳者经过长期修炼，让身心像“无极”那样返璞归真，回归到初生婴儿的状态，即体松心和、无忧无虑、心灵净化、形神相合，恢复天性，这是人体最佳的健康状态。平时若能每天至少站无极桩十几分钟，身心就能得到最好的休息、调节和滋养，其乐无穷。

因此，本门太极拳，既把无极桩作为预备势，又把无极桩作为静功单练，因为太极拳架是由静而动逐渐展开的，各项动作和心法均由此而开始。故在练拳之前，应将无极桩站立一至数分钟，那么练拳就能灵犀通。

今天，笔者把无极桩列为《太极回春八式》之首，也是为了“由静而动，化生万物，大地回春”之意。

二、行功口诀

无形无象混蒙蒙，
道法自然万般松。
虚静无为心中空，
神聚气合灵犀通。

三、站桩态势

1. 面南站立

两脚八字分开，两脚跟间距2~3厘米，两脚尖间距约8厘米（或一横拳宽），宛似八字形。

2. 中正安舒

从头到脚，上下一线，不偏不倚，不俯不仰，宛如一棵不老松。为此，须遵循下列要点：

（1）悬头坠尾，即头顶虚领，颈项松正，胸部松舒，背部微圆，臀部内敛，尾闾下坠并含微微前托之意。

（2）中心一线，即两臂自然下垂于体侧，掌心向内；身体重心分置两脚掌的涌泉穴（勿置脚跟）；全身的中心线落于两脚中间，从头顶百会穴至会阴穴，保持一条中心垂直线。

（3）涌泉入地，即重心分置两脚心时，要有涌泉穴入地之意，两脚好像木桩立地，稳固舒适。

3. 周身放松

身体各关节，包括肌肉皮肤，周身上下都要放松，其中最难放松的是手臂及腰胯，而这两处的放松，又最能体现太极拳的特色，所以要格外注意。手臂松，就是要松肩、松肘、活腕、舒指，术名“松肩坠肘”。腰胯松，就是要把髋关节松开，让两腰有松塌的感觉，达到松腰开胯，促进全身放松。

4. 祥和入静

面容祥和，舌抵上腭，双目垂帘，神光内视脐窝，摒弃一切杂念，内无所思，外无所视，空空洞洞，如入“无极”景象。（图1、图1附图）

图1

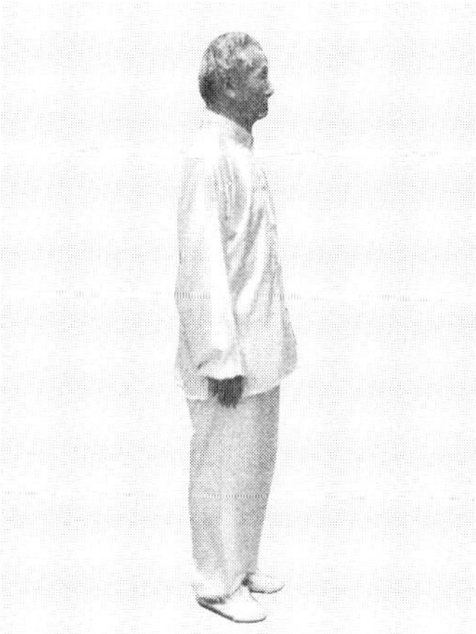

图1附图

四、呼吸行气

本门太极拳的练气法门，由脐轮调息、拳势呼吸和一般呼吸三要素组成。它们之间，以脐轮调息为中心，促动一般呼吸和拳势呼吸，有主有从地协调进行。

无极桩一式，外形上只有松静站立的态势，并无任何肢体动作，故只须介绍一般呼吸与脐轮调息两种行气法，拳势呼吸从略。

1. 一般呼吸

腹式呼吸，是一种“以意调息”的深呼吸运动。它有逆式和顺式两种呼吸法，本文仅说逆式呼吸一种，即吸气时，小腹要微微地内敛；呼气时，小腹要渐渐地向外放松。如此鼻子一吸一呼、小腹一敛一松的呼吸法能够调节神经、按摩内脏，促进新陈代谢。此种呼吸，我们称为一般呼吸。

但是，在三种呼吸调息中，这种呼吸法只不过是呼吸与动作配合一致的初级呼吸法。

本式因无外形动作，故不存在与动作一致

的问题。虽然如此，仍然要认真地循法一吸一呼，小腹一敛一松，不可草率。尤其要注意与“脐轮调息”相合，通过吸气敛脐的途径进行腹式呼吸。

2. 脐轮调息

无极桩一经站定，就要意守脐轮。吸气时，要意想气由脐窝吸入，而且肚脐微微内敛，所吸之气一直通达命门，练之日久，命门会有鼓撑圆满的感觉。呼气时，要意想气从命门注入小腹下丹田，同时小腹皮肤徐徐向外松开。这样，前面由脐轮吸气，背面由命门送气，缓吸缓送，自有妙趣。

初学者只要做到意守肚脐，意想由脐窝呼吸就可以了。待日久功深，自然会进入练气、练劲、练丹的层次。

五、心法要点

由于无极桩是静功，除了静站，无任何外形动作，很难把形体动作与内功心法分开来说，但为了阅读方便，勉为其难地分而述之。

无极桩的心法，可以概括为静、松、和、灵四字。

1. 道法自然万般松

放松，是人的先天本性，而紧张与僵硬则是后天的恶习。我们练功放松，就是要解除肉体上的僵硬状态和精神上的紧张忧虑，恢复先天的松柔和谐。

首先，大脑要松弛平静下来，继而骨骼、关节、肌肉、皮肤、韧带等要放松，连内脏器官等也要用意识去放松，达到内内外外、上上下下一切皆松。所以口诀说："道法自然万般松。"

2. 虚静无为心中空

松与静相辅相成，松能入静，静能促松，松静相生，阶及空灵。其间关键，在于大脑的放松。大脑松，则心意静；心意静，则全身松。所以，大脑的放松安静是站桩和练拳的核心。

大脑入静的妙法，始则"一念代万念"，即心想着脐轮呼吸，用这一意念来排除万种杂念，进而由有念归于无念无妄，无象无形，合"无极"意义。再进一步进入“虚静无为”的境界。

“虚静无为”既是境界，又是心法。道家认为，“虚能应物，静定生慧，无为而无不为”。

因此，无极桩一经站定，就应万念俱泯，一切释然，果能如此，则反而能无所不容，合“无为而无不为”也。练至相当火候，能自觉调节大脑皮质的兴奋和抑制达到最佳状态，用之于养生，有利于开智益脑，增强体质，延年益寿；用之于拳术，则能增强“守我之静，待人之动”的定力。

3. 阴阳中和归一气

修阴阳中和之气，是武当丹派的内功总诀之一。我们通过修炼，要使体内的阴阳二气趋于平衡，乃至中和，返归太极一气，并循环往复，不断升华。同时，要使体内的中和之气与体外的天地灵气内外交流，趋于中和，使天、地、人“三和之气”混浑为一，以臻佳境。

4. 神聚气合灵犀通

体松、心静、气和、脐息四者具备，则总归于神聚。

神聚，即炼气还神。神者，心灵之本也，与形相对而言；形者，人之形体躯壳也。两者相生相成，故而要形神同修。修炼的核心是抛却烦恼，净化心灵，超越自我，天人合一，使身、心、灵全面优化，整体健康。

神聚之法，由浅入深。习练之初，从静入手，由“虚静无为心中空”开始。但“心中空”并非掉进一潭死水，而是“万念俱灭，一灵独存”，提起精神，把“神”聚敛于体内，贯之于头顶，凝之于双目，布之于周身；同时，气注于脐内，使精、气、神三者相聚于内，身、心、灵三者和合于神。能知此义，则长生之道可得，拳术之功可进矣。

但是，莫要把精神聚敛误以为精神紧张，两者截然不同。神聚是在体松、心静、气合条件下出现的良性循环，而紧张则是一种病态，它若不是受外界刺激而产生，就是习惯使然，或是心理障碍的反映。所幸者，当这种病态出现时，我们可以用无极桩的健康意识予以调节，乃至消除。例如，在日常生活中，无论遇到什么情况，胜利还是挫折，欢乐还是忧伤，顺当还是曲折，吉祥还是凶险，都可以用无极功夫迅速平定不良情绪，恢复宁静，超越自我。

六、效果体会

上述无极桩的修炼心法，既是心法，又是效果，可细细体会。在此再作一重要补充：“静”，能开发人体六大潜能。

太极拳技击也好，养生也罢，怎样实现呢？笔者深刻体会，应从开发人体潜能入手，一旦潜能开发了，功夫与养生就能一齐来临。因为，每个人都有一个深藏着的潜能宝库，潜藏着无比强大的生命之能（正能量），只是被各种执着蒙蔽和掩盖了，以致人体内的固有潜能处于自在的、分散的休眠状态。目前，人们使用的能量仅是潜能宝库中的很小一部分，绝大部分能量深藏不露，平时毫无作用，一旦遭遇突发事变、特别警讯的刺激，就会在瞬间爆发出平时意想不到的惊人能力。例如，有的人在情急之下，能从失火的房间中扛了几百斤重的物品冲出火海，事后再叫他做，他无论如何也做不到了。这种超常潜能，人皆有之，只是有待开发而已。

我国著名科学家钱学森，生前曾把开发人体潜能作为人体科学，把提高人的能量作为一大目标。他说：“从现在开始，我们应该利用现代工具和方

法……从一切潜在的人体机能去开发人的潜力。”（《论人体科学》）

所以，人人都有一个尚待开发的潜力宝库，而太极拳则是最能有效开发人体潜能的高雅运动。这一点是笔者恒修太极68年的心得结晶，也是太极心法的悟道创新。那么，太极拳能开发哪些潜能呢？笔者深深体悟到，太极拳能开发人体六大潜能，即意能、气能、智能、体能、灵能、德能。

六能齐开发，人生更灿烂！

第二式　太极荡手摆三春（摆）

一、功法释义

太极荡手，原本是传统太极回春功中的一项重要功法，也是古代导引保健功法中位列第一位的一项功法，因其容易学、效果好，曾流传于世。但是，由于缺乏正确的指导，以致在流传过程中产生流弊，逐渐走样，久而久之，使“荡手”蜕变成了“甩手”。

这一字之差，有本质的区别。“荡手”是一项整体运动，而后来改为“甩手”，仅仅是“甩动”两手的局部运动，因而锻炼效果也大有不同。“荡手”能使身心灵、精气神得到内外兼修的整体效果，而“甩手”仅仅是甩动两手的局部效果而已。

不过“甩手”一词也有它的长处，因为只须运动两手，很容易学，也容易推广普及。记得20世纪60年代，“甩手”流传甚广，常见城市街头公园和农村房前屋后都有“甩手”人群。

但是，正由于只须“甩”动双手，动作简单易学，容易一哄而起，也容易一哄而散，20世纪60年代的那股“甩手”热潮，很快就退潮了，只剩下零零星星的少数人在“甩”手了。

为了正本清源、强身抗疫，特将“太极荡手”的原义、原法公诸于众。

二、行功口诀

太极荡手不用手，
脚蹬涌泉反弹手。
摆臀摆尾摆生命，
逢九蹲一荡九九。

三、动作分解

1. 放松站立

周身放松，自然站立，重心移至右脚，左脚向左开步踏实，两脚间距与肩同宽，平行而立，呈“II”形；两臂自然下垂，置于身体两侧，掌心向内，目视前方。（图2）

图2

2. 舍去双手

本功法的口诀说，“名为荡手不用手”。何谓不用手？就是练荡手时两手不能妄动，不仅不能妄动，而且在意念上要做到双手似乎不存在了，被“舍”弃了。“舍”者，就是把原来属于自己的东西舍弃掉，不要它了，一旦舍得卜，当然就没有了。

但是，“舍去双手”并非真的手没有了，而是指一种完全放松的意境，即是意念上的“有手若无手”和实际上的“手空手松似无手”，就是一种“松空若无”的境界。

不仅练本功法时双手需要“松空若无”，而且练全套太极拳时也需要时刻保持“有手若无手”的松空境界。若能如此，就能在任何情况、任何角度、任何方向用手时，做到“于无手处，处处皆手”也。

3. 脚蹬涌泉

当双手整体放松，达到“舍去双手”的境界时，迅即将脚底重心由脚后跟向前脚掌移动；当重心移至前脚掌涌泉穴时，迅即将脚掌向下一蹬。这样就产生两种能量：一是由后向前的推动力，二是由上而下的反弹力。这两种能量合一，就促使已经放松的双手自然向上荡起，达到“名为荡手不用手”的境地。

那么，脚蹬涌泉的涌泉穴的位置在哪里，如何脚蹬涌泉？

涌泉穴位于前脚掌中心的凹陷处，如果将脚掌分为五个区域，以第二脚趾尖为一号位，从脚趾尖到趾跟为二号位，从趾跟至涌泉为三号位，从涌泉至脚跟前沿（即脚底中心区域）为四号位，从四号位至脚跟后沿为五号位。（图3）

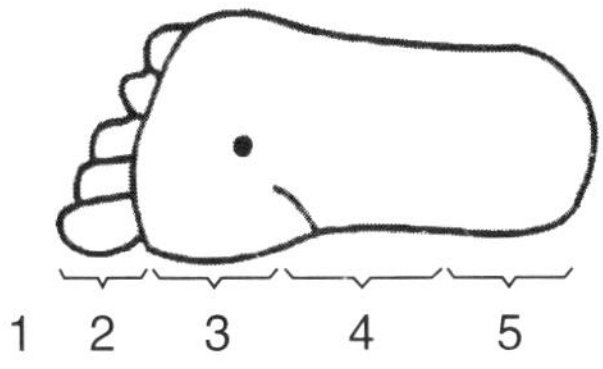

图3

图3中前脚掌标志的小圆点，就是涌泉穴的位置，就是“脚蹬涌泉”的所在。

4. 踩轮荡手

乘上势脚蹬涌泉穴的反弹力，带动已经完全放松的双手向上荡起之际，毫不停滞地将身体重心移向后脚跟方向，带动双手向下、向后飘荡。

接着，连续不断地脚蹬涌泉，弹起双手和重心后移，带动双手向下飘荡，形成太极荡手的状态。此种情形，宛似脚底安装着滑轮，踩着轮子在滑前、滑后，可称为踩轮荡手，最终体现“太极荡手不用手”的意境。

附图为踩轮荡手1向上（图4）、踩轮荡手2向下（图5）。

图4

图5

5. 三摆生命

口诀说，“摆臀摆尾摆生命”。这“三摆”是本式“太极荡手”的第二个中心要点。

上述“脚蹬涌泉”“踩轮荡手”不仅把双手飘荡起来了，而且整个躯体都摆动起来了。在摆动躯体的过程中，要特别注意摆动“臀部、尾闾和生命”三个要位。其中，前两个部位很容易理解，都知道臀部和尾闾在何处，而这里说的“生命”在哪个部位？若不点明，可能不知道在哪里。那么，这里说的“摆生命”，是指的何处呢？就是指男性的睾丸、女性的玉门。

这两处是人体生殖、生命系统的中心，它们是否健康，关系到全身是否整体健康、精气神是否全面充沛，是本功法的核心要求，所以本功法的式名为“太极荡手摆三春”。

6. 逢九蹲一荡九九

这句口诀是计数的意思，是指“太极荡手”这个回春功法，应当演练多少次，即应当荡多少回。按照“逢九蹲一荡九九”提出的要求，它包含四层要求：

一是从“逢九蹲一”看，每摆荡九次就要下蹲一次，接着继续摆荡。

二是说要连续摆、连续蹲，每摆蹲九次为一组。

三是说，每摆荡九组为一个单元，即九九八十一次为一个单元。因此，演练时心中要默念数字。

四是说，按“荡九九”的要求，每次练功至少要摆荡九个单元，以每单元蹲摆九次计算，即九九乘九，就是说每次练功至少要下蹲摆荡721次，才算合乎练功要求，且要一日练两次。因此，每次练功时要心中默默计数，养成习惯。

古人练习此式，要求每天坚持两千至三千次，其歌诀曰：

每日坚持二三千，
血府血淤血自化。
气海气聚气还元，
血活气顺百病散。

7. 特记：常守涌泉葆青春

上述6点，已将本功法“太极荡手”的原理、练法、效果介绍完毕，本可以转入介绍另一个功法了，为何还要设置此“特记”一项呢？

原因是，常守涌泉穴非常重要，不仅仅限于“太极荡手”需要“脚蹬涌泉反弹手”，而且全套太极回春功，乃至全套太极拳术，甚至日常行走坐卧都需要意守涌泉，因为涌泉穴对人体健康非常重要。

庄子曾说过：“真人之息以踵，众人之息以喉。”真人，指善于养生、取得养生效果最好的一种人。这种人的呼吸调息，不是用喉头调息的，是以脚底的涌泉穴为中心的，称为“踵息”。

凡“踵息”的人都是长寿之人。即使不练太极拳，只要在日常生活中，意守涌泉，意念涌泉呼吸，就能长寿，就能常葆青春！

第三式　雄鹰抖翅开玉门（抖）

一、功法释义

雄鹰抖翅是太极回春功中的重要一功，此功的中心在于一个“抖”字，周身内外都在抖动。在轻松愉快的抖动中，放松关节，修炼骨骼，润色皮肤，乃至活跃身心，健康长青。

特别在全身抖动时，男子睾丸抖荡，女子玉门荡开，更能促进身心健康，乃至青春不老。

此式不但效果好，而且容易练；不但可以定时定点练，而且可以随时随地练，有利于“太极生活化，生活太极化”。

记得20世纪五六十年代，市里常常召开千人大会，而且不坐凳子，都是站着听大报告。笔者站在队伍中站久了、累了，就变相练习“雄鹰抖翅”功。所谓变相练习，就是双手下垂，无任何动作，仅仅站着抖动下身，无形无象，旁人看不出你在练功。结果疲劳消除了，功夫也练了，报告也听了，三全其美，何乐而不为。

二、行功口诀

雄鹰抖翅贵在抖，
上抖下抖全身抖。
男抖生命女抖门，
青春不老天天抖。

三、动作分解

1. 护胸抖翅

开步站立，两脚间距与双肩外侧同宽，立身中正，空胸圆背，开胯松腰，双膝似屈非屈，目视前方。

松肩垂肘，上臂松垂不动，前臂提起，两掌交叉于胸前，掌心斜向上，松腕、松指，十指自然弯曲，呈双掌护胸之势，凝神前视，脐轮调息。（图6）

图6

随即，以臀部的起伏抖动为原动力，带动躯体上下抖动，带动双膝自然弹性抖动，连带前臂、手腕、掌指也随之抖动。抖的速度适中，每秒钟2～3次，至少抖动50～100次。（图7）

图7

2. 伸翅再抖

上动抖毕，可用小收功，也可连续进行本式抖动，其身法姿势各项要求同护胸抖翅，接着，两臂前伸，松肩垂肘，掌心向下，指尖向前，然后依上述抖动法，随意抖动50～100次。在抖完50次后，也可改为掌心朝上，再抖动50次。（图8）

图8

3. 飞翔抖翅

上动抖毕，可小收功，也可继续做。

随即，两臂收回，步型转为马步；两臂向左右两侧平举，高与肩平。松肩垂肘，掌心向下，指尖向两侧前方。然后，依照上述抖动法做小幅度抖动数十次，接着加大抖动幅度，即加大臂部上下抖动的幅度，使全身大幅度抖动数十次。（图9～图11）

图9

图10

图11

4. 提膝抖翅

上动抖毕，随即两手收回，合拢于腹前；同时，马步换成开立步。接着左腿提膝，小腿下垂；同时，两手随着提膝而向左右两侧划弧上抛，并依照上述抖动法抖动1次；然后，左脚落地，两手也落回，仍合拢在腹前。接着，右腿提膝，两手分开上抛，抖动1次。如此，左右交替提膝抖翅计9次。（图12～图14）

图12

图13

图14

四、心法要点

1. 抖尾在先

所谓以臀部抖动为原动，实际上是尾闾先动，再策动臀部抖动。然而，在外形上看不出有先后之分，主要是意念上明确先后之别。尾闾好比是中心，中心一动，全盘皆动。这一点是很重要的心法，所以操练此式时，首先要想着尾闾抖动，方为得法。

2. 内外皆抖

不仅形体抖动，但凡内脏器官、关节骨骼，甚至牙齿等，也要随之抖动，且有不同程度的震动感，从而得到有益的放松调理。为此，周身各部均要放松，不松不足以得到有效的震动与调理。

首要的是心理放松，同时放松颈、胸、背、腰、胯、足、踝等。例如，小腹放松抖动，对增进肠蠕动颇为有效。

3. 检测松腕

周身是否都在放松地抖动，有一法可以检测，即以手腕是否自然抖动为验证标志。一般来说，练拳是否放松，首先会从手臂上表露出来，其中最容易暴露紧张的部位就是腕与掌。因此，一经发现手腕尚未松净，立即用忘却等法放松之，让周身在完全放松状态下自然抖动。

五、美好意境

意想自己越抖越松，越松越舒畅，宛似雄鹰振翅，翱翔长空，活力无限。

六、效果体会

此式通过特定的抖动活动，能促进周身无处不松，且对养生健身有奇效。

（1）增进关节的松弹功能。前面几式放松功法，都有显著的放松作用，而本式由于抖动的形式特殊，更能直接增进四肢关节的韧性和弹性，尤其能增强腕、膝、踝关节的松弹功能，改善平衡状态，提高稳定能力，防止中老年人跌倒损伤。

（2）全身抖动时，男子睾丸摆荡，女子玉门荡开，有利于调整内分泌，提高性功能。本功法前面几式亦有此功效。

（3）在轻松优雅的抖动中，可以调节大脑皮质，改善睡眠。

（4）可调节微循环，改善心脑血管功能；增进肠胃蠕动，调节消化，缓解便秘。

（5）可消除疲劳，舒缓忧郁烦恼，开朗心情。

（6）可调理脊椎神经，防治骨质增生。

第四式 西湖荡船三套月（荡）

一、功法释义

西湖荡船贵在一个“荡”字，荡来晃去地连续摆荡。

但是，此荡并非“太极荡手”的荡，那个荡手是纵向摆荡，而西湖荡船的“荡”是横向摆荡，而且有三种形态的摆荡，一是原地荡，二是二环套月，三是活步荡船。因此，式名为“西湖荡船三套月”。

二、行功口诀

泛舟西湖三套月，
微波荡漾随风飘。
飘来荡去五合一，
荡得生命旺活力。

注：“五合一”，即旋胯、转体、横步、跟步、摆臂五者合一。

三、动作分解

1. 原地荡船

开步站立，旋胯转体，带动两手向左右甩来荡去，上体随之松沉升降。此时的状态是：开胯松腰，左旋右转，双膝微屈，上体一升一降，两手一摆一荡，双目左顾右盼，宛如乘船荡漾。如此左晃右荡为1次，计6次。（图15、图16）

图15

图16

2. 二环套月

上式完毕后，恢复开步站立势，接着向左旋胯转体45°，再回向右旋胯转体45°，以此带动两臂向左上方再向右上方划弧而下成一月形圆环，故名“二环套月”。此为顺圈套月，须转环9次；接着做逆圈转环套月9次。（图17～图20）

图17

图18

图19

图20

3. 活步荡船

上述“荡船”毕，随即向左荡，左脚随之向左横进一步踏实，右脚随着横向收一步，但虚悬不落地；向右回荡时，右脚向右方横进一步踏实，左脚也随之横收一步，虚悬不落地。以如此步法左右移动，重心虚实左右互换，助长飘荡之感。左飘右荡为1次，计6次。（图21、图22）

图21

图22

四、心法要点

（1）双环套月时，必须以腰胯旋转为枢机，带动两臂划弧转环，而两臂的转环又要以肘关节为轴心转动，所以两臂不可僵紧，两肘放松灵活，单纯任旋胯转体来带动，稍有拙力，则转动不灵。

（2）活步荡船时，须做到“五合一”，即旋胯、转体、横步、跟步、摆臂五合一，方能像荡船那样轻松祥和，左顾右盼，双目神有所注。

（3）特别提醒：无论是原地荡船，还是活步荡船，都要明确人体生命部位的晃动感，即男荡睾丸女荡门，荡得生命活力旺。

五、美好意境

意想斯时宛如泛舟西湖，清风徐来，微波荡漾，随波飘荡，顾盼湖光，赏心悦目。

六、效果体会

促进两臂在左右摆动中放松，尤其是二环套月中的肘关节放松转动，更能养成以肘关节灵活旋转的良性习惯。同时，促进腰胯在活步“荡船”中放松转动，增强腰胯的灵活性与周身一家的协调性。更能在顾盼之间，促进心境放松，在美好的意境中修心养性，特别能够荡得生命活力强。

第五式　村女推磨春来早（磨）

一、功法释义

“村女推磨”一式，原本是武当丹派太极拳练习放松入静的基本功，因其功法演练中注重一个“磨”字，而且是着重磨炼“生命”，所以又列为“太极回春功”之一。

此式源于生活中“推磨式”的劳动形象。笔者在《太极内功心法全书》上卷“松静篇”中，曾具体介绍了它的来龙去脉及其演练要领，现今作为“太极回春”功法，具体介绍于后。

就其源于生活中的劳动形象而言，笔者觉得需要啰嗦几句，以利于提高锻炼效果。记得我老家无锡农村，从前秋收稻谷登场后，需要“牵砻推磨”。“牵砻”是把稻谷砻成米，“推磨”是把米磨成米粉。那种劳动形象，与本门太极中的“村女推磨”一式极为相似，也近似于“揽雀尾”拳式的身法。

所谓推磨，过去有一人推、两人推、三人推三种情况。一人推，石磨较小，一个人就可操作，一手加米，一手推转。两人推，磨子稍大，需两人操作，一人加米入磨，一人双手按在推磨架上进行推拉磨转。三人推，则石磨更大些，除了一人加米，须合二人之力，才推得动石磨圆转。

就推磨者的身法而言，必须上体中正，下肢弓步，两手前按推柄，向前推，重心前移，弓腿进身；向后拉，重心后移，沉腰退身，变为虚步。由于石磨是圆形的，只是前进后退，石磨不会转动，必须同时身体左右转动，与进身、退身协调一致，才能推动石磨转动。而且，进退、旋转、推拉三者的力度要均衡，若有不当，就会“卡壳”，甚至推磨架脱出石磨，致推磨中断。不少初学推磨者常犯此类毛病。笔者早年在家时也学过推磨，曾屡犯进退失当、轻重不均等病，后来学了几年太极，才发觉“推磨”的要求，与太极拳旋胯转体、进退转换、虚实互变、上下相随、周身一家的原理吻合，所以说，生活中有太极。

然而，这种古老的推磨随着现代化的进展，如今农村中早已看不见了，但在著名的“无锡吴文化公园”展馆中还能看到，那里陈列着一套完整的老式推磨器具。笔者前往参观时曾摄影留念，以供研究。（图23）

图23

二、行功口诀

村女推磨贵在磨，
上下三圈分得清。
进退转换磨生命，
磨得生命栩栩生。

三、动作分解

此式有右弓步推磨与左弓步推磨两种情况，练法相同，唯左右方向不同。现以右弓步为例介绍如下。

1. 磨圈轨迹

前文提到，此式因其形状像农村推磨那样，故名村女推磨。其动作须推拉磨转的圆转一圈，并循环往复，圆转不已。为了行文方便，先把圆转的轨迹列图说明。（图24）

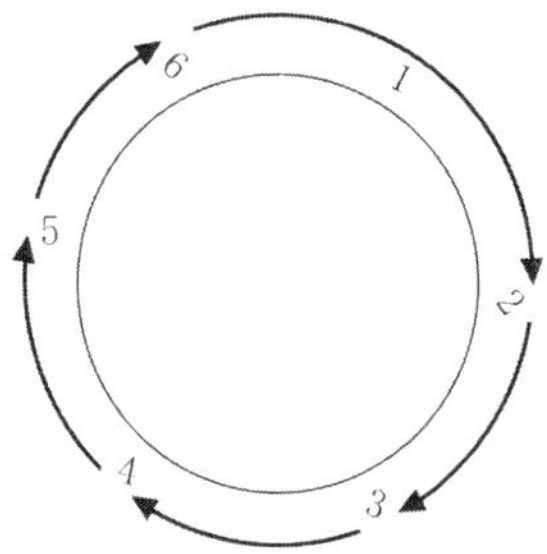

图24

2. 预备势

右弓步站立，两手上提，与肩同高，掌心向下，宛如两手搭在推磨架上；上体中正，弓步站稳，周身放松，目视前方。（图25）

图25

3. 退身右磨

承上动。随即腰胯松沉，微向右旋转，重心微微后退，右胯微微右旋，左胯微微向左后收，身法随之微退，形成一个小幅度的半弧形退圈，从1号位退至2号位，同时带动两手向右侧后微微磨转，两肘微屈，身正前视。（图26）

图26

4. 坐身磨转

承上动。重心不停顿地继续后移，移至七成重心寄于左腿，成右虚步；同时两胯后收，左胯并向左旋转带动两臂屈肘，使两掌在胸前做弧形磨转，由2号位转至3号位。此时，面向偏东南，立身中正，向左微侧，双目前视。（图27）

图27

5. 旋胯过裆

承上动。紧接着，命门与尾闾像轴承那样向左旋转，右胯后收，左胯边旋边前伸，使尾闾呈现一个旋转的小弧圈，让劲意从右向左过裆换劲，并以此带动上体微左转，由面向偏东南转为稍微偏东北。其态势由3号位转至4号位，但两手须磨转至接近5号位，目视前方。（图28）

图28

6. 进圈推磨

承上动。随即腰胯松沉，向右（正南）旋胯转体，一边旋转一边向前松沉进身，带动两手经5号位向6号位推磨而去，似“揽雀尾”中的按式，回复到“预备势”状态。（图29、图30）

图29

图30

紧接着，循环往复地进行旋转推磨，顺圈练习9圈以上，然后改为逆圈推磨9圈以上。再转换为左弓步练习，其法与右式同，唯左右方向不同。

7. 呼吸行气

（1）推磨一圈为一次呼吸。退圈为吸，进圈为呼。

（2）注意脐轮呼吸，吸气时，意想气从手指及脐窝吸入；呼气时，意想气从命门缘脊而上，通于两手，从手指呼出。

四、心法要点

1. 公转带动自转

形式上是两手在推磨转圈，实际上是腰胯的左旋右转以及身法的前后进退，带动着两手磨圈。关键要以腰胯为轴，不仅双手要由腰胯带着转，就连重心前后变化也要由腰胯驱动。如果说把腰胯旋转作为公转，那么四肢则为自转，必须以公转带动自转，方为得法。

2. 分清劲意

上述推磨一圈之中，内含掤、捋、磨、过、挤、按劲等各种劲意，必须分别清楚。

掤：当弓步站立、两臂上提前伸时，手臂均含掤意，而且在推磨全过程中，无论手臂如何变动，均要掤在其中。因为掤劲是太极八劲之首，乃内劲之本，也是各种劲别的后盾，故谓掤劲不可丢也。

捋：上述推磨圆圈从1号位转至2号位是捋化劲。

磨：从2号位至3号位为磨转劲。

过：从3号位至4号位为换裆过劲。

挤：上述过劲中的后半部分，双手磨转至将近5号位时为挤。

按：经5号位，向6号位进身推磨时为按劲。

3. 留心磨圈过裆

圈中之劲意，要数过裆换劲最难捉摸，因其换劲的动幅较小，而且有左旋转换及右旋转换两次互换，易被忽略，所以要特别提请注意。具体来说，分解动作的坐身磨转及旋胯过裆是左右两次过裆换劲，虽然分解说明，实际上是紧密相连，幅度很小，稍不留意，就会一滑而过，差之毫厘，失之千里，故须细心感悟。

4. 弄清上下三圈及生命之圈

推磨转圈，形似一圈，实则有三圈。两手臂随着公转而捋磨换推为上圈；腰胯为中圈；尾闾及裆部呈现的小圈为下圈。其中，最易被忽略的是小小的下圈。而这小小的下圈就是生命之圈，必须弄清楚，必须做到。

5. 所难中土不离位

中土不离位，就是在进退圈的推磨过程中要持守中土，这是太极拳很重要的心法。老拳谱上说："定之方中足有根，光明四正进退身。"由于此式不仅练进退身，还要把进退身与转圈融合为一，变成进退圈，其中进圈的难度比退圈更难一些。所以拳谱又说："退圈容易进圈难，所难中土不离位，退易进难仔细研。"可见，中土不离位是关键。

中土，即中定，就是太极十三势中的"进步、退步、左顾、右盼、中定"的"中定"。持守中定，是太极拳的重要心法，当然也是太极回春功的重要心法，要时刻注意。

五、效果体会

在上述行功过程中，必须时时刻刻体验“我是在磨炼生命”，无论是前进后退，还是左右旋转，都要刻刻留心在人体的生命部位，才能喜得“春来早”的效果。

第六式　凤凰还巢春常在（提）

一、功法释义

凤凰还巢，是太极青春功（回春功）的重要一式。太极青春功的功效是男人回春、女人养颜。此式的核心是一个“提”字，提者，提踵、提肛、提睾丸（女人提卵巢）也。

睾丸衰退，是男人衰老的主要标志。正常的青壮年，每天清晨醒来都会感到有“阳举”现象，然而到了五十、六十，不少人就逐渐衰退，清晨不再“阳举”了，这就是男人衰退的重要标志，很多人因此而陷入苦恼。然而，此种苦恼是可以解决的，太极回春功就具有激活已经衰退或即将衰退的睾丸活力的功效，使人返老回春，重振雄风。

笔者常练此功，得益多多，至今虽年逾九旬，依然活力充沛。2012年秋，笔者曾在美国西雅图举办过一次为期两天的“道家青春功男子班”，讲授太极青春功（回春功）的两个功法。开讲前，我宣布，当场学，当场练，若无良好的感觉，立即退还学费。结果，学员们个个有收获，都兴奋地说：有感觉，这功法太好了。

今天，笔者特将此回春功法与另几式功法一并奉献给读者。

二、行功口诀

太极起势十字手，
凤凰展翅三提丸。
展翅归巢入关元，
无限春光凤还巢。

三、动作分解和心法要点

1. 太极起势十字手

动作与拳架套路第一式的太极起势相同，唯一不同的是在坐身下按后，上体起身，两手向内划一小弧成交叉十字手状态，两掌心均向内，左手在外，右手在内；身体松松站立，双目前视。

2. 凤凰振翅来蓄势

（1）承上势太极十字手，重心依然分置于两腿，腰胯松沉，臀部下垂，带动坐身屈膝（膝不超过脚尖），成小马步态势。

（2）紧接着，引体上升，两腿自然站立；接着又屈膝坐身，再引体上升，如此来回3次；同时呼吸行气，起身为吸，蹲身为呼，一吸一呼，一起一蹲，协调为一。

（3）一起一蹲时，带动两臂分别向左右展开，做弧形摆动，如凤凰振翅待飞状。

3. 凤凰展翅三提丸

承上势不停，当第三次下蹲、引导上升时，两手分别向左右展开，手腕松柔带动掌指上下摆动，似凤凰展翅飞翔状。

在引体上升、展翅飞翔的同时，带动“三提”，即提踵、提肛门、提睾丸。

提踵，就是提脚跟，它是踵息的一种练法，而踵息是古代道家的重要养生功法。相传乾隆能够成为中国最长寿的皇帝，其中的一个秘密就是天天练“踵息”功。古人云：真人踵之以息，凡人口鼻以息。

提肛门，在“提踵”的同时，用“呼吸意提法”将肛门一提一放。即在提踵吸气的同时，有意识地收缩肛门括约肌，将肛门提起；同时还要肚脐内敛、收缩会阴和尾骨，才算完成提肛运动的“提”。接着在提之后，随着缓缓呼气，放松尾骨、肛门和会阴，为之“放”。如此一提一放为一次肛门提放运动，提肛次数，与提踵次数同步。

提睾丸（女子提卵巢），是这一功法的核心。睾丸与卵巢是人体生命之本，也是人类生殖繁衍的根本，因此它们的衰退是男女衰老的重要标志。通过练功，能够逐步激活已经老化、沉睡的机能，产生活力，重返青春。

三提之法，主要靠意与气的导引，尤其是提睾丸，更须“意引气导”。其心法是：在提踵、提肛的同时，意念睾丸被内气往上提托；也就是说，提的时候为吸气，即由脐轮内吸同时海底之气上升，托起睾丸，形成脐吸提肛与海底上托之势，一吸一托，必然产生睾丸被提起的感觉。

呼气时，则意念睾丸往下，如此一吸一提、一呼一下。练之日久功深，促进睾丸恢复活力，使松弛的睾丸重新活跃起来，重新站起来，乃至重振雄风。

此三提之法，可重复多次。若是太忙，可单练此功，只要天天练，哪怕每次只练一两分钟，每天练上两三回，日久必然见奇效。

4. 凤凰归巢入关元

（1）起身十字手。承上势，当上体下坐时，分展的两手向内划弧成交叉斜十字状，随之缓缓起立，成太极十字手状。

（2）下坐灌气。随之上体缓缓下坐，带动两手翻掌下按，从咽喉沿三焦而下，经脐轮、丹田，直入关元穴，然后缓缓起立做十字手太极收势。

（3）一吸一呼。起身做十字手时为吸气，坐身翻掌下按时为呼气，一起一坐即一吸一呼，轻柔缓和，不急不躁，徐徐而行。

（4）气灌关元。关元穴被称为人体第一性保健大穴，为男子藏精、女子蓄血之处。顾名思义，关者，就是关藏；元者，就是人体元气，合称之，则为关藏人体真元之要隘，而真元是维持人体生命活力的基本物质与原动力，可见关元穴的重要性了。

所以，此式凤凰归巢，就是在三提之后，将元气归入关元之巢穴，以培本固元，加强青春活力。

四、效果体会

久练此式，必有奇效。除单独勤练外，还可以插在套路演练中至十字手收势前。接着练此凤凰归巢式，至于演练的次数，既可练一次，也可随意多练几次，视时空而定，然后太极收势。这样，既练了太极拳套路，又能练此“三提”，可谓一举两得，双丰收。

第七式　倒卷杨柳搅大海（搅）

一、功法释义

此处的“倒卷杨柳”一式，与本门太极套路中“倒捲手”和基本功中的“倒卷杨柳”，在外形上有些相似，但在内涵上有较大的不同，其不同主要有两处：

一是，“倒卷”时旋胯转体的幅度不同，从转胯35°发展为45°；转胯的幅度加大10°；

二是，用意上的不同，基本功中的“倒卷杨柳”，意在锻炼“退中寓进”的内功，而此处的“倒卷杨柳”，除了锻炼“以退为进”外，还要增加搅动大海（会阴穴）的心法。因为，此处讲的“倒卷杨柳”是太极青春不老功（回春功）中的重要一式，名为“倒卷杨柳搅大海（搅）”。

二、行功口诀

旋腕卷手退即进，
螺旋倒卷似有神。
搅动大海若得法，
青春不老可回春。

三、动作分解

1. 马步蓄势

马步站立；两臂前伸平举，高与肩平，两肘微屈，肘尖下垂，掌心向下，两肩放松；目视前方，蓄势待变。（图31）

图31

2. 右卷左推

随即，向右旋胯转体约35°，带动右肘松沉翻滚，手腕外旋，手掌外翻，此为滚肘旋腕；右臂一边滚肘旋腕，一边向后倒卷，倒卷至近肋处。（图32）

图32

随即，右前臂放松下垂并划弧而上，右掌置于右耳旁；掌心向内；目视前方。（图33）

图33

在右臂滚肘倒卷时，左掌乘势向前推出，此为右卷左推之势。（图34）

图34

3. 左卷右推

紧接上动。左肘松沉翻滚，带动左臂滚肘旋腕，向后倒卷，当倒卷至左肋时，左前臂向下划弧而上，左掌置于左耳旁，掌心向内。同时，右掌乘势向前推出，此为左卷右推式。（图35）

如此左右倒卷为一次，计卷9次或增加次数。

图35

四、心法要点

1. 意在倒卷

此式要害在于“倒”“卷”二字。

倒者，即向后倒退。但此式的倒退，并非拳架中的撤步退身，而是双腿原地不动，仍是马步，仅凭旋胯转体35°以及重心变移虚实而退身。例如，右式倒卷的退身，就是向右转体35°，并将重心转移到右腿，这便是向右侧后方退身。

卷者，指手臂向后滚翻倒卷。仍以右式为例，右臂须随着转体而向后一边翻滚，一边倒抽，且抽中有卷绞。若要倒卷得法，必须“三者合一”，即旋胯转体、滚肘抽臂、旋腕翻卷，三者同时同步地协调完成。注意，三合一必须有序进行，即“以腰带肘，以肘领腕，以腕领指”，方为得法。

2. 弹簧升降

左右倒卷时，身体松柔，腰胯松活，像坐在弹簧上，随着倒卷推掌，上体一升一降，双脚一蹬一虚，助长双臂一卷一推，轻松自如。

3. 退中寓进

名为倒卷，实为退中寓进。若有人拿你手腕，可用上述倒卷应对，既能解拿，又可把对方卷向自己右侧，使其倾斜失重或跌出。这是一臂倒卷中的退中寓进，另一臂则乘势推其肩或拿其肘而发之。两臂均含此意，不可偏废。“拳术篇”中的“倒卷手”，是本式的发展，着重训练以退为进、退中寓进的劲意。

4. 轻若杨柳

倒卷的前提是周身放松，无论何处都不可用拙力，即使是“退中寓进”的攻防劲意，也不可用强。身心内外要放松得轻若杨柳，其一卷一推、一升一沉，如杨柳迎风，飘洒自如，方能收到放松回春之效。

五、特别注意

上述动作分解的第二点中说：“旋胯转体约35°”，这是指初练时的要求，待此式倒卷杨柳练熟了，就要进一步加大旋胯转体的幅度，要加大

5°～10°，以便搅动腹股沟的下端及会阴穴（海底），让会阴穴受到搅磨的感觉，久而久之，便能取得太极回春乃至旺春的效果。

六、效果体会

心法中已有所述，从放松的要求讲，主要促进肩、肘、腕及腰、腿、足、踝等关节的放松，并灵活旋转。尤其是旋胯转体带动以肘领腕、以腕领指的倒卷过程，能锻炼周身协调、退中寓进、以退为进的劲意。而且，周身轻若杨柳，那种上下左右飘洒之姿，既能调理脏腑、内分泌等功能，又可活跃身心，确实具有搅动大海回春之能。

第八式　金玉满堂大云手（挤）

一、功法释义

云手者，两手左右运行、上下盘旋，宛以流云旋绕，故名云手。

本门太极有云手、云开手、云合手、原地云手、进步云手、退步云手、行步云手七种，各式均含劲意。云手，内含掤、捋、按三个劲意；云开手则再增一挤劲，成掤、捋、挤、按四劲齐全。

云开手既是太极拳套路中不可或缺的一式，更是《太极回春八式》中的重要一式，名为“金玉满堂大云手”。如能久练此式，并用心体悟，必获金玉满堂之奇效。

二、行功口诀

上下左右转双轮，
云雾缭绕入美境。
中正不阿腰腿劲，
金玉满堂大云手。

三、动作分解

1. 小开立步站立

面向面南站立，开胯松腰，身体重心移至右腿，左腿松胯提膝，向左开步，与肩同宽，重心分置两腿，成小开立步。

2. 小马步右云手

承上动。腰胯松沉，带动两膝微屈，臀部下坠，小开立步变成小马步势，接着向右旋胯转体，带动两手云行，右手上掤向右云手，指尖与眉同高，云手至右侧（向西），旋腕翻掌变成俯掌，手臂平伸，松肩垂肘；左手随之下按，随云转抄掖至右腹前，掌心斜向上，此时面向西，成小马步云手；重心六成在右腿，身正前视。（图36、图37）

图36

图37

3. 左云手（一）

随即腰胯松沉，重心全部移至右腿，左脚向左后（东）横开一小步，重心渐渐移向左腿成中马步；同时，向左旋胯转体，带动左手上掤向左云手，掌心向内，指头斜向上，与眉同高，经脸前云至左侧（东方）变成俯掌；同时，右掌下按（与左手上掤之势上下交错），随同左转向左掖掌至左腹前，掌心斜向上；此时，成中马步左云手，身正前视。（图38～图41）

图38

图39

图40

图41

上动不停。紧接着重心全部移寄左腿，提右脚向左方（东）横收一小步，先脚尖着地，再全脚踏实，脚尖微外撇成小马步，再向右回转云手至右侧（西方），像小马步云手，身正前视。（图42）

图42

注：左云手的计数，以左脚横开一步、右脚收回一步为一次，上述向左一开一放，即左云手（一），余可类推。

4. 左云手（二）

当上势云手至西方时，重心全部移至右腿，左脚再向左（东）横开一步，向左旋胯转体，向左云手，再收回右脚，向右回转云手，练法与左云手（一）相同。

5. 左云手（三）

当第二次左云手完成之际，立即做第三次左云手，练法与第一、二次相同。

6. 右云开手（一）

当第三次左云手完成之际，迅即腰胯松沉，重心全部移至左腿，提右脚向右侧后方（西）横开一步，随即重心渐渐移向右腿，向右旋胯转体，带动双手向右方云开手，云至脸朝南时，右手在上，掌心向内，指尖与眉同高，左手在下，掌心斜向上，置于腹前，成大马步云手状。（图43、图44）

图43

图44

上动不停。继续向右云手，云至向西时，重心全部移至右腿，左脚收回右脚内侧，两脚成小马步；同时，右手乘势向前上方肘挤，随之旋腕翻掌变为俯掌，左手仍在腹前，随转体而掖掌；此时，面向西，身正前视。（图45）

图45

注：（1）右云开手的计数，以右脚横开一步及左脚收回一步为一次，这是第一次。以下类推。

（2）左脚收回、右手向前肘挤的动作，是本门太极拳云开手的特点，内含剑神剑意，使云开手掤、捋、挤、按四劲齐全，较左云手多了一个挤劲。此点务请注意。

7. 右云开手（二）

右云手（一）完成后，随即重心移向左腿，左手上掤，右掌下转，马步向左云手至面向东，左手在上，旋腕翻掌成俯掌，右掌在下作掖掌状，置于左腹前，上体中正，目视前方。（图46）

图46

随即，松沉腰胯，重心全部移在左腿，右脚乘势向右（西）横开一步，再收左脚，向右云手，练法与右云手（一）相同。

8. 右云开手（三）

当右云开手（二）完成之际，迅即做第三次右云手，练法与一、二次相同，但须云手至面向正南时方算完成。（图47、图48）

图47

图48

四、特别注意

（1）作为《太极回春八式》的大云手，在左右云行过程中，特别需要牢记一个“挤”字，即在向左、向右云行时，在做45°转向时还要加转3°，即需转向48°，以使阴部有挤压的感觉，起到太极回春功法中“挤”的作用。否则，便沦为一般的云手。

例如，当面向南向左（东）云手或云开手时，均要向左转身至左侧（东方），若要加练“金玉满堂”的“挤”的要求，必须加大旋胯转体的幅度，应加大3°～4°，同时右脚必须以脚跟为轴，脚掌向左旋转3°～4°，以加大旋胯转体的幅度，增强挤压阴部的感觉，才能达到“金玉满堂”的要求。这一点，万勿忽视。因此，“挤”的感觉如何，是衡量大云手是否练得正确的重要标志。

（2）上述左3次、右3次计6次云手，应绵绵不断，循环不息，如云雾缭绕，不能因分开叙述而分割停顿。

（3）上述6次云手为一组，作为《太极回春八式》练习，则可酌情多练几组。

（4）这一云手，还可双人合练。双人者，既可师兄弟、朋友间，又可夫妻俩。俩人既可以定步左右云手，又可以双人活步演练，还可以双人进步与退步（一进一退）演练，更可以双人左右转圈合练，忽左忽右、亦进亦退，翩翩起舞，兴趣盎然，能有效地挤练生命要害，促进身心全面健康，所以称为金玉满堂大云手。

五、心法要点

1. 开劲小言

云手、云开手、移步云手等式，两手都是由内向外抡圆圈，含向外开展之意，称为开劲。不过这是外形动作的开劲，我们练拳必须内外兼练，而且要着重注意内在开劲的训练。

内在的开劲，是指意、气、神及内劲等方面的外开之劲，两手划圆云行，都是由意、气、神引领的，所谓由内促外也。

开劲用之于推手等实际，可用“逢入必开”四字概括，即化开对方来劲之意，属于化劲的范畴。

有开必有合，有合必有开，从一定意义上说，太极拳是开合之道。开者为阳，合者为阴，一阴一阳谓之道。有的拳式侧重练开劲，如云手，有的拳式侧重练合劲，如“云合手”，但每个拳式都含开合，能懂开合，便能知阴阳，此等原理及心法，要细细体察。

2. 分清劲意

两手运行一圈之中含有掤、捋、按及撩掖等劲意，左右皆然。以由左侧向右侧云手为例，左掌朝下按至腰部高时为按，继续往下，经左胯抄至小腹时为撩掖，此时左掌心斜向上；右手在左手下按的同时，向上弧形掤起，掤至将近眉高时为掤；接着，向右旋转划弧时为捋，云开手时加一肘挤。从右侧向左侧回转云手时，上下之劲意相同，仅左右不同。

3. 以胯带手

以腰胯的旋转为原动力，带动两手运行，是太极拳内功心法的核心之一。此式不同之处，在于马步腰胯旋转虽然与弓步旋转腰胯原则相同，但练法有差异。

其一，马步之两腿宛如立桩地下，腰胯转动时两腿不能晃动，因而增加了转动腰胯的难度，逼得你非开胯（松开髋关节）松腰不可，否则就旋转不灵。

其二，腰胯旋转幅度较大，要从左侧（东向）转向右侧（西向），再从西转到东，因而带动两手所划之圆圈幅度也较大。

4. 中线中定

无论左旋或右转，始终要以身中心垂直线为中轴，腰脊松竖，保持中定态势，不能摇，不能晃。尤其在移步变换重心时，上体容易摇晃，更要注意中定，做到悬头垂尾，收住尾闾，以便“尾闾中正神贯顶”。

5. 松柔圆活

两臂关节完全放松，肌肉也要柔软，不能僵硬，肩要松，肘要坠。划圆时毫不用力，只在意念引导下，由腰胯带着云行，所划之圆环不能有凹凸，无使有断续处，而且还要注意手腕之旋转。以右手向右云手为例，当右手在左侧上掤并向右侧捋转时，手腕要随之徐徐外旋，掌心逐渐翻向外；当云到右侧下按时，掌心旋转朝下成俯掌。因此，不仅要松肩垂肘，而且还要活腕松指，方为得法。

6. 云雾缭绕

两手上下划圆，左右往来，如同行云缭绕，循环无端。要意想自己似乎在腾云驾雾，轻灵飘忽，毫无阻滞，逐步进入天人合一佳境。

六、效果体会

此式大云手，因其功效显著，故列为《太极回春八式》的压轴。只要反复恒修、勤练不辍，就能修心养性，更能青春不老、雄风常振，金玉满堂大团圆。

七、收功

1. 两手交错

当上述右云开手（三）完成之际，身体向左回转至面向正南时，右手随着转体，先下按，继而划弧向上，与左手在胸前会合，成十字交错状。（图49）

图49

2. 分掌下坐

随即，两掌分开，与肩同宽，掌心向下，沉身下坐，带动双掌向下按落，掌心向下，按至四平状态；身正前视。（图50）

图50

3. 灌气收功

随即，两掌向胸前收回，掌心变向内，收至将近膻中穴时，两掌内旋，掌心变向下，徐徐向丹田灌气，然后两掌分置两侧，同时身体渐渐起立，返回到太极起势的态势。（图51、图52）

图51

图52

4. 回归无极

随即左脚收回右脚内侧，两脚八字站立，归本还原，混混沌沌，无我无他，返还先天。（图53）

图53

第四章

太极生活化 生活太极化

《太极回春八式》虽然是个宝，但必须长期修炼。要长期到什么程度，有句古训说得好，“太极十年不出门”，这是太极先贤留下来的一句古训，意思是太极拳虽然是个宝，但需要长时间的训练才能初成，才能获得走出师门、走向社会的资质。而且，那时是专业训练，整天练功，还要花十年时间，可见太极拳需要长时间的潜心训练。

但是，当下社会，生活节奏快、工作重、事业忙，绝大多数是业余练拳；能够坚持每天动动练练，已是很不错的了，如果用“十年不出门”的要求衡量，业余练拳“三十年”还抵不上彼时的专业训练“十年”，那怎么办呢？

笔者摸索到了一条行之有效的法则，称为：“太极生活化，生活太极化。”

这条法则的核心，就是把练拳练功融于日常生活之中。除了早晚固定时间的修炼外，还要充分利用一切点滴时间练功；而可用的点滴零碎时间是很多的，只要抓住不放，善加利用，哪怕只动一动、练上一招半式或一个基本功，就能积少成多，聚沙成塔。

那么，怎样在日常生活中练功呢？

很简单、很容易，只要“有心”就成了。有心，就能安排时间；有心，就会忙中偷闲；有心，就会结合进行；有心，就会抓住点滴时间。总之，有心，就会练功生活化。

例如，上班期间，短暂的工间休息，就可用来练功。可以挑一两个方便在办公室练习的动作坚持习练，虽然短短一两分钟，亦能心宽体舒，消除疲劳，头脑清醒。

又如，晚上看电视时，也能练功。只要按照

练静功的平坐姿势坐定，就能边看电视边练功。此时，除认真看新闻联播及重要信息外，一般是看看练练。练时双目微合，忽听重要处，就睁眼看几下。有时觉得“没看头儿”，就站起来活动几下，或练上几招拳式。到了规定时间（自定晚间九点半）就打烊准备睡觉，再在床上练一会儿静功就入睡。此情此景，亦是人生一乐。

还有进厨房，也能边干活边练功。如在洗碗洗菜时，蹲马步，或高架马步，依照《太极回春八式》中的“雄鹰抖翅玉门开”的功法，边洗边抖，妙趣横生。

行文至此，似乎可以画上句号了，但是如果喜欢钻研的朋友，更深一层地提问：为什么会“有心”？这“有心”从何而来？笔者的回答是：那是受了太极学说的启示，知道日常生活中处处皆太极，事事有太极，故而人生即太极。因为：

（1）太极是宇宙的本原。《周易·系辞上传》说的“是故易有太极……”那段话，描绘了天、地、人生成繁衍的过程，揭示太极是宇宙生成的本原。北宋周敦颐的太极图及太极图说，进一步阐明了宇宙生成发展过程大体经历无极—太极—阴阳—五行—万物生化—万物生生不息等阶段，把宇宙万物乃至人类都包括进去了。所以，宇宙万物乃一太极也。

（2）太极是元气。所说太极是宇宙的本原，这本原是什么？就是元气，这在易学研究上称为太极元气本原论。

最初的宇宙只有混沌的元气，经过漫长的变化，才分出阴阳，出现天地，化生出万物。因此，太极元气充满天、地、人间，万物皆有，处处可感。就人而言，人人皆要培本固元，这为太极生活化提供了需要与可能。

（3）心为太极。此说为北宋著名易学家邵雍所开创，经南宋陆九渊创立“心学”，发展至明代，心学派传人王守仁（阳明）进一步提出“太极良知说”，即以人心的良知为太极，将世界万物统一于“心”，他说：“言心，则天地万物皆举矣。”如果能这样，就自然能在生活中时时“有心”练太极了。

（4）人人物物一太极。这一醒目的命题，是易学大家朱熹的创见。他说：“人人有一太极，物物有一太极”“自男女而视之，则男女各一其性，而男女各一太极也。自万物而言之，则万物各一其性，而万物一太极也。”（《太极图说解》）

这一创新理念，一经提出，便风行于世，影响各业各行，例如，医家、武家都把人体及人体各部比拟为太极与八卦，在《太极拳谱》中就有“大小太极解”和“人身太极解”两文，把人体内外周身各部都比拟为太极、两仪、四象、八卦、五行，然后说："天地为一大太极，人身为一小太极；人身为太极之体，不可不练太极之拳。"

（5）太极拳越练越得益，越练越想练，这是太极拳爱好者的共同体会。回想笔者自1952年入室武当丹派杨奎山门下习太极拳后，仅一个多月就获益匪浅，于是豪兴大发，越练越想练，越练越深入，越深越得益，于是太极拳成了生活中不可或缺的一部分，将"衣食住行"发展为"衣食住行拳"，在日常生活中修炼太极拳，完善人生，使得人生更精彩！